AUTORES:

JOSÉ MARÍA CAÑIZARES MÁRQUEZ
CARMEN CARBONERO CELIS

COLECCIÓN: MANUALES PARA PADRES SOBRE ACTIVIDAD FÍSICA, SALUD Y EDUCACIÓN EN LOS NIÑ@S

MANUAL DE ACTIVIDAD FÍSICA ADAPTADA PARA PADRES CON HIJOS DISCAPACITADOS

COLECCIÓN MANUALES PARA PADRES SOBRE ACTIVIDAD FÍSICA, SALUD, Y EDUCACIÓN EN LOS NIÑ@S

MANUAL DE ACTIVIDAD FÍSICA ADAPTADA PARA PADRES CON HIJOS DISCAPACITADOS.

AUTORES

José Mª Cañizares Márquez

- Catedrático de Educación Física
- Tutor del Módulo del Practicum del Master de Secundaria
- Especialista en preparación de opositores
- Autor de numerosas obras sobre Educación y Preparación Física

Carmen Carbonero Celis

- D. E. A. en Instituciones Educativas
- Licenciada en Pedagogía
- Maestra de Primaria y Secundaria en centros de Educación Compensatoria
- Didacta presencial del Módulo de Pedagogía General en el CAP
- Profesora de Pedagogía Terapéutica en Centro Educación Primaria

Título: MANUAL DE ACTIVIDAD FÍSICA ADAPTADA PARA PADRES CON HIJOS DISCAPACITADOS.

Autores: José Mª Cañizares Márquez y Carmen Carbonero Celis
Editorial: WANCEULEN EDITORIAL

Sello Editorial: WM EDICIONES

Dirección Web: www.wanceuleneditorial.com, www.wanceulen.com,

Email: info@wanceuleneditorial.com

I.S.B.N. (PAPEL): 978-84-9993-575-1

I.S.B.N. (EBOOK): 978-84-9993-599-7

©Copyright: WANCEULEN S.L.

Primera Edición: Año 2017

Impreso en España

WANCEULEN S.L. C/ Cristo del Desamparo y Abandono, 56   41006 SEVILLA

Reservados todos los derechos. Queda prohibido reproducir, almacenar en sistemas de recuperación de la información y transmitir parte alguna de esta publicación, cualquiera que sea el medio empleado (electrónico, mecánico, fotocopia, impresión, grabación, etc), sin el permiso de los titulares de los derechos de propiedad intelectual. Cualquier forma de reproducción, distribución, comunicación pública o transformación de esta obra solo puede ser realizada con la autorización de sus titulares, salvo excepción prevista por la ley. Diríjase a CEDRO (Centro Español de Derechos Reprográficos, www.cedro.org) si necesita fotocopiar o escanear algún fragmento de esta obra.

ÍNDICE

INTRODUCCIÓN 7

1. EL DESARROLLO MOTOR Y PERCEPTIVO DEL NIÑO DISCAPACITADO. 9

    1.1. Desarrollo motor y perceptivo de los discapacitados psíquicos.................. 9

        1.1.1. Características físicas y rendimiento motor de los discapacitados psíquicos.. 9

        1.1.2. La conducta perceptivo-motriz de los discapacitados psíquicos... 10

    1.2. Desarrollo motor y perceptivo de los discapacitados sensoriales............. 10

        1.2.1. Características físicas y rendimiento motor. 10

        1.2.2. La conducta perceptivo-motriz de los discapacitados sensoriales... 11

    1.3. Desarrollo motor y perceptivo de los discapacitados motóricos. 11

        1.3.1. Características físicas y rendimiento motor. 11

        1.3.2. La conducta perceptivo-motriz de los discapacitados motóricos.. 12

2. LA INTEGRACIÓN ESCOLAR COMO RESPUESTA EDUCATIVA 12

3. IMPLICACIONES EN EL ÁREA DE EDUCACIÓN FÍSICA. 14

    3.1. Implicaciones en el área de Educación Física del alumnado afectado de discapacidad psíquica. 16

    3.2. Implicaciones en el área de Educación Física del alumnado afectado de discapacidad sensorial. 17

    3.3. Implicaciones en el área de Educación Física del alumnado afectado de discapacidad motórica. 21

        3.3.1. Implicaciones en el área de educación física del alumnado afectado de discapacidad motórica por parálisis cerebral. 22

    3.4. Las adaptaciones curriculares en educación física. Los programas de adaptación curricular. Evaluación.. 23

    3.5. El E. O. E. como ayuda en el área de Educación Física. 26

CONCLUSIONES 26

BIBLIOGRAFÍA 26

WEBGRAFÍA 29

INTRODUCCIÓN

Los temas 21 y 22 tratan sobre los **tres** grandes grupos de **discapacidades** y su grado de implicación en nuestra Área. El primero tiene una visión teórica y el segundo práctica.

La inclusión del alumnado con "necesidades educativas especiales" -hoy día dentro de la denominación genérica de "A. N. E. A. E.", junto a otros grupos de alumnos que también presentan "necesidades específicas de apoyo educativo" (L. O. E., 2006; R.D. 126/2014; Ley 17/2007 de Educación de Andalucía, art. 48.3; D. 97/2017; Orden de 25 de julio de 2008, por la que se regula la atención a la diversidad del alumnado que cursa la educación básica en centros docentes públicos de Andalucía)-, ha entrado a formar parte de las preocupaciones del sistema educativo y, por ello, la Actividad Física Adaptada es un aspecto importante que debe ser asumido por todos los maestros y maestras en el diseño de los Proyectos Curriculares de cada centro (Cumellas y Estrany, 2006).

La educación especial tiene sus orígenes en 1978, con el Informe Warnock, llamado así en honor a la británica Mary Warnock que presidió el "Comité de Investigación sobre la Educación Especial" (Romero y Lavigne, 2005). Es una declaración de los principios que deben regir la Educación Especial: *"todos los niños tienen derecho a asistir a la escuela ordinaria de su localidad, sin posible exclusión"*. Este estudio influye en diferentes leyes europeas sobre educación (Ríos, 2003). A este cambio conceptual han ayudado numerosos elementos, pero es a este documento al que le debemos el concepto de *necesidades educativas especiales.* (Contreras, 2004).

La atención educativa a esta población ha experimentado una gran evolución en las últimas décadas, siendo por tanto muy dinámica. La publicación de los últimos decretos y órdenes, así como la divulgación editorial y congresual de investigaciones y experiencias lo prueban (Junta de Andalucía, 2001). En esta línea citamos al Plan Mejor Escuela de Infraestructuras Educativas (Acuerdo 11/10/2005), por el que todos los centros deberán disponer de todos los elementos para facilitar la entrada y tránsito por sus instalaciones.

Niños y niñas con necesidades educativas especiales tienen en **nuestra área** una importante faceta educativa ya que con la educación física adaptada consiguen el máximo desarrollo de su personalidad, si tenemos en cuenta sus posibilidades y limitaciones (Simard, Caron y Skrotzky, 2003).

En este sentido, la LOMCE/2013 nos dice que *"en esta etapa se pondrá especial énfasis en la atención a la diversidad del alumnado, en la atención individualizada, en la prevención de las dificultades de aprendizaje y en la puesta en práctica de mecanismos de refuerzo tan pronto como se detecten estas dificultades".*

A lo largo de este Tema veremos cómo es el desarrollo perceptivo-motor del alumnado afecto de discapacidad psíquica, sensorial y motórica y de qué forma se integra, así como las posibilidades de actuación que tiene la Educación Física a través de las **adaptaciones curriculares individualizadas**.

1. EL DESARROLLO MOTOR Y PERCEPTIVO DEL NIÑO DISCAPACITADO.

Desarrollo. Indica la diferenciación progresiva de órganos y tejidos con adquisición y perfeccionamiento de sus funciones (Zarco, 1992). A través de esta evolución que sufrimos durante nuestra existencia llegamos a la **madurez** intelectual, social y física.

Motor alude a la capacidad de movimiento, gracias a la cual niñas y niños exploran y conocen el medio, que es fundamental para su desarrollo.

Perceptivo. La percepción "*es un proceso integrador que sigue a la sensación y se encarga de originar formas mentales en el cerebro que suponen las representaciones internas del mundo exterior que hacen posible el conocimiento*" (Contreras, 2004).

La **discapacidad** manifiesta que una persona es menos capaz, que tiene determinadas limitaciones o restricciones para realizar tareas que normalmente son habituales en el resto de la población (Bravo, 2008). Niñas y niños con algún tipo de discapacidad tienden, por regla general, a tener algún tipo de **complicación** psicomotriz debido a dificultades en la percepción de información, en su elaboración mental y/o en su ejecución. Además, el contexto social no siempre le ayuda, por lo que su integración se ve afectada.

Nos referiremos ahora a los tres **grupos** de discapacidades que nos indica el título del Tema: Psíquicas, Sensoriales y Motóricas.

1.1. DESARROLLO MOTOR Y PERCEPTIVO DE LOS DISCAPACITADOS PSÍQUICOS.

Una de las características que algunos de estos sujetos presentan es cierta **torpeza** para moverse, para adaptarse a nuevas y más complejas circunstancias. A esto se le suelen añadir consideraciones en torno a sus características **físicas** cuando se les compara con sujetos catalogados como "normales". Estos rasgos físicos se **agudizan** más cuanto mayor es el grado de discapacidad.

1.1.1. CARACTERÍSTICAS FÍSICAS Y RENDIMIENTO MOTOR DE LOS DISCAPACITADOS PSÍQUICOS.

Las alteraciones anatómico-funcionales son más marcadas conforme el grado de discapacidad es mayor (discapacidad severa y profunda). En algunos casos es la extrema delgadez y en otros cierto sobrepeso. Los problemas cardio-respiratorios son más abundantes que en la población normal, así como la posibilidad de un funcionamiento inadecuado de los órganos internos. Suelen tener respiración deficiente y mala relajación, por lo que el nivel de condición física es endeble (Ríos, 2003). En resumen, presentan mayor fragilidad física, más torpeza motriz, menor estatura y peso inadecuado, bien por defecto o por exceso (Bravo, 2008).

El equilibrio es escaso, la deambulación deficitaria, así como las coordinaciones generales y las destrezas manipulativas (Bautista y Paradas, 2002).

El rendimiento físico y motor es **inferior** al de la población normal de la misma edad, estando aproximadamente de dos a cuatro años por detrás (Gallardo, 2008).

Todas estas peculiaridades **condicionan** nuestra intervención y necesitaremos, pues, recurrir a materiales muy específicos (Bravo, 2008).

1.1.2. LA CONDUCTA PERCEPTIVO-MOTRIZ DE LOS DISCAPACITADOS PSÍQUICOS.

Seguimos a Ríos y otros (2004), Ruiz Pérez (2005) y Bravo (2008).

La gran mayoría de ellos manifiestan una **inferioridad** con respecto a los sujetos normales en tareas de equilibrio, coordinación, fuerza, velocidad, resistencia, organización espacio-temporal y relajación. Sus movimientos **básicos** se muestran también **retrasados** con respecto a la población normal. Podemos decir que tanto la motricidad global como la fina están afectadas en los discapacitados psíquicos, si bien sus rendimientos pueden mejorar y acercarse a la normalidad si se les da la suficiente práctica.

Además, tienen frecuentes episodios de paratonías, sincinesias y alteraciones en su lateralidad, problemas en la relajación y mala excitabilidad en las motoneuronas, por lo que suelen tener **poca motivación** para el movimiento.

El tiempo de **reacción** se manifiesta menos rápido que el resto de los individuos, mostrando problemas de integración de los estímulos, de comienzo de la respuesta y de selección de la misma.

Tienen dificultades para **mantener la atención**, anticipar y seleccionar estímulos y respuestas. Su conducta perceptivo-motriz a los 9/10 años es semejante a la de niños normales de 5/6 años, si bien la pérdida de lo aprendido o su olvido no manifiesta diferencias significativas en relación a los sujetos normales.

La mayor parte de su actividad motriz está compuesta por movimientos simples, aunque la investigación ha demostrado que los discapacitados psíquicos son mucho más inactivos que el resto, lo que contribuye a su deficitario desarrollo motor y escasas conductas lúdicas cuando éstas constituyen un elemento imprescindible del desarrollo infantil.

Como dato final, los discapacitados psíquicos son más **eficientes** cuando la tarea a realizar es predominantemente **motriz**, mostrando más dificultades cuando el componente **perceptivo** es mayor. Estas son razones suficientes para recomendar imperiosamente que se les dote desde su nacimiento de una **amplia gama** de experiencias perceptivas y motrices.

1.2. DESARROLLO MOTOR Y PERCEPTIVO DE LOS DISCAPACITADOS SENSORIALES.

Nos referimos a los de tipo **visual** y **auditivo**. En ambos existe una **disminución** en el volumen de **información ambiental** que capta el individuo. La vista nos proporciona el sentido espacial, el oído el temporal, mientras que gusto, tacto y olfato son los sentidos de "contacto" en cuanto a darnos información (Bravo, 2008).

1.2.1. CARACTERÍSTICAS FÍSICAS Y RENDIMIENTO MOTOR.

- **Visuales**. El desarrollo motor sigue las mismas etapas y secuencias que los no afectados, aunque a un ritmo más lento debido a que tienen menores experiencias, de ahí que debamos paliar este déficit. Desde las edades más tempranas se notan marcadas **diferencias**, sobre todo en la percepción y en trabajos motores que necesitan desplazamiento, aunque con la práctica adecuada se han conseguido excelentes resultados. Por ello, el movimiento debe ser el principal apoyo o sustituto de la visión para conseguir el conocimiento del mundo que les rodea

(Bueno y Toro, 2002). La falta de movimiento suele traer como consecuencia un aumento de peso, de ahí que debamos vigilarlo y proponer alternativas.

- **Auditivos**. El desarrollo físico, por regla general, es el **mismo** que el de la población normal, no apreciándose alteraciones anatomo-funcionales marcadas. El rendimiento físico y motor podrá llegar a ser muy parecido al estándar, si la educación recibida desde muy temprano se adapta a la discapacidad. La condición física suele ser baja debido a que es propenso a tener **hábitos sedentarios** y a que emplean parte de sus energías para la comunicación. Tienden a estar **solos** y aislados porque tienen escasas posibilidades de relacionarse con los demás, por lo que debemos plantear actividades de interacción social.

1.2.2. LA CONDUCTA PERCEPTIVO-MOTRIZ DE LOS DISCAPACITADOS SENSORIALES.

De modo general podemos afirmar que presentan, en relación a la población normal, **inferioridad** en tareas de organización espacio-temporal, equilibrio y coordinación.

- **Visuales**. En los movimientos básicos se muestran **lentos** y **torpes**. Tienen retraso en la orientación y dirección hacia objetos y, lógicamente, en el inicio de los movimientos, de ahí la importancia del juego motor desde las primeras edades, con refuerzos continuos que les animen a realizar habilidades básicas más gruesas: gateo, reptación, etc. El conocimiento del esquema corporal, obviamente, será más tardío, no olvidemos que padecen la ausencia de **feedback** externo (vista). Los problemas de integración de comienzo de respuesta y selección de la misma son, incluso, más rápidos que en la población normo vidente.

  La capacidad de **atención** está más desarrollada de lo habitual. Se muestran más inactivos que los normales debido, fundamentalmente, a la falta de percepción espacial, con lo cual su desarrollo motor y la habilidad en las actividades lúdicas son inferiores.

- **Auditivos**. Las alteraciones están focalizadas a nivel **vestibular**, por lo que las habilidades motrices básicas, así como el equilibrio, alineación de los segmentos y la orientación espacio-temporal, se ven afectados, si bien a los cuatro años suele desaparecer.

En todo caso, el retraso es **proporcional** al grado de discapacidad, edad en que ocurrió y tratamiento recibido (Trigueros y Rivera, 1990).

1.3. DESARROLLO MOTOR Y PERCEPTIVO DE LOS DISCAPACITADOS MOTÓRICOS.

1.3.1. CARACTERÍSTICAS FÍSICAS Y RENDIMIENTO MOTOR.

El desarrollo físico **variará** en función de la discapacidad existente, siendo diferente para cada uno de los casos y cada una de las discapacidades mostradas: parálisis cerebral, espina bífida, distrofia muscular progresiva, ausencia de miembros, etc. (Serrano y Benavides, 2016).

En la ausencia de miembros el desarrollo físico del resto del cuerpo es igual al de la población normal. En cuanto al rendimiento motor también varía en función de la discapacidad, necesitando la ayuda, en la mayoría de los casos, de unos elementos auxiliares: muletas, prótesis, etc.

1.3.2. LA CONDUCTA PERCEPTIVO-MOTRIZ DE LOS DISCAPACITADOS MOTÓRICOS.

Aunque la conducta de todos los discapacitados motóricos se refiere exclusivamente a la motriz, no obstante, y como consecuencia, se pueden derivar otros trastornos que se manifiestan en mayor o menor grado. Los más significativos los podemos sintetizar en:

- Problemas de **movilidad**: desplazamiento, alteración de los patrones de movimiento voluntario, problemas de fuerza y coordinación en la manipulación.
- Problemas de **lenguaje**: alteraciones de articulación y expresión.
- Problemas **perceptivos**: trastornos visuales y auditivos.

El alumnado con problema motor no va a poder realizar los **desplazamientos** de la misma forma que sus compañeros, por lo que debemos estimularlo para que deambule como le resulte más operativo.

2. LA INTEGRACIÓN ESCOLAR COMO RESPUESTA EDUCATIVA.

"*Integrar es un proceso mediante el cual la niña o el niño con discapacidad es recibido en la escuela ordinaria y desarrolla en la misma una vida escolar como ser social*" (Fortes, 1998).

La escuela debe dotarse de los medios y condiciones adecuadas para que estos alumnos **participen** en el conjunto de las actividades educativas junto a la población escolar normal (Gómez, Puig y Maza, 2009).

La escolarización del alumnado que presenta necesidades educativas especiales se regirá por los principios de **normalización** e **inclusión** y asegurará su no discriminación y la igualdad efectiva en el acceso y la permanencia en el sistema educativo, pudiendo introducirse medidas de flexibilización de las distintas etapas educativas, cuando se considere necesario. La escolarización de este alumnado en unidades o centros de educación especial, que podrá extenderse hasta los veintiún años, sólo se llevará a cabo cuando sus necesidades no puedan ser atendidas en el marco de las medidas de atención a la diversidad de los centros ordinarios (L. O. E., 2006).

a) **Centros Ordinarios:**

Dentro de la escuela ordinaria, todos los escolares con n. e. e. no requieren las mismas atenciones y apoyos, por lo cual existen tres **opciones** (VV. AA., 2008):

- **Integración en el aula ordinaria**. La niña o el niño con discapacidad se encuentran en el aula ordinaria permanentemente, junto al resto del grupo, donde recibe todos los apoyos y esfuerzos específicos proporcionados por su docente o el de educación especial. La responsabilidad del aprendizaje recae en el docente de aula. El de especial es un "auxiliar", administrador de recursos especiales y de orientaciones individualizadas. Prácticamente, el 100% de los casos de niñas y niños con discapacidad que pueden asistir a un centro educativo normal, se integra en la clase de Educación Física correspondiente con adaptaciones más o menos complejas.

- **Aulas de Apoyo e Integración**. El alumnado con discapacidad está normalmente en su aula, pero asiste a la de apoyo en ciertos momentos para recibir, prioritariamente, contenidos de materias instrumentales y reforzar los mismos, ya que por su naturaleza, no los puede recibir en su aula porque sigue un ritmo de aprendizaje distinto. Ahora la responsabilidad está compartida por ambos docentes, por lo que debe existir una excelente coordinación entre ambos. No suele darse en nuestra Área.

- **Integración parcial en aulas especiales a tiempo completo**. Se trata del uso de aulas de Educación Especial, como un Centro Especial, pero dentro de un Centro Ordinario. El recreo y las actividades extraescolares son los momentos facilitadores de la integración. Tiene muchos **detractores** por entender que es una enseñanza segregadora, etiquetadora y estigmatizadora y que repercute negativamente en la socialización del niño o niña.

b) **Centros Especiales:**

Asiste el alumnado que, debido a su gran déficit, no le es posible integrarse con los demás. Necesitan una atención tan individualizada y constante que es **imposible** darla en los centros habituales. Por ejemplo, parálisis cerebral severa, ciegos totales, etc.

En la **Ley Orgánica de Educación** (2006), el Título II "*Equidad en la Educación*", engloba bajo el epígrafe "*alumnado con necesidad específica de apoyo educativo (A.N.E.A.E.)*" incluye a los de "*necesidades educativas especiales (n.e.e.)*", rigiéndose su escolarización por los "*principios de **normalización** e **inclusión** y asegurará su no discriminación y la igualdad efectiva en el acceso y permanencia en el sistema educativo*" (M.E.C. 2006).

El concepto de **inclusión** es más abierto, extenso y ambicioso que el de **integración**. Como lema general parte de la premisa "*una escuela común para niños diferentes*", porque entiende como diferentes a todos y cada uno de los alumnos. Contempla a la escuela como equitativa e integradora de todo el alumnado, asume las diferencias individuales y se las valora como riqueza, dando a los alumnos una educación de calidad similar adaptada a sus necesidades de aprendizaje. Autores esenciales de la escuela inclusiva, son Bartolomé (2000), Ainscow (2002) y Cardona (2003), entre otros.

No es lo mismo "**integración**", que "**inclusión**"; la integración se refiere al proceso de enseñar juntos a niños con y sin necesidades educativas especiales. En cambio, la inclusión es una concepción mucho más profunda porque enfatiza el sentido de comunidad, para que todos tengan la sensación de pertenencia, apoyen y sean apoyados por sus padres y demás miembros de la comunidad escolar, al tiempo que se encuentran respuestas adecuadas a sus necesidades educativas especiales. Incluir no es borrar las diferencias, sino permitir a todos los alumnos pertenecer a una comunidad educativa que valore su individualidad.

Si la **tendencia psicopedagógica** hacia la inclusión que se viene observando en los últimos años fructifica, la eliminación de los centros "especiales o específicos" y que la totalidad del alumnado esté escolarizado en los centros "ordinarios" será una realidad.

Sólo la posibilidad de diferenciar reconociendo la diversidad, nos permitirá conocer en la sociedad y en la escuela la complejidad de esa diversidad y ésta no se refiere a la capacidad para aprender, sino a los distintos modos y ritmos de aprendizaje.

No olvidemos que cuando se trata de educación en la diversidad se debe hacer hincapié en las diferencias y, a partir de aquí, valorar la individualidad. A la hora de trabajar los contenidos se hacen **agrupamientos flexibles**, donde el docente incorpora alumnos de distintas capacidades y todos aprenden conjuntamente, porque el "grupo aprende sólo si todos y cada uno de sus componentes aprende".

A finales del siglo XX empiezan a desarrollarse con gran intensidad **otras líneas pedagógicas** parejas a la **inclusión** y que en el siglo XXI continúan extendiéndose, sobre todo, en escuelas ubicadas en zonas desfavorecidas. Así, toman auge las "**Comunidades de Aprendizaje**" (Flecha y Puigvert, 2002; Elboj y otros, 2002), inspirada entre otras, en las "**Escuelas Aceleradas**" (Levin, 2000) y "**Éxito para Todos**" (Aubert y otros, 2004), que comparten como idea central la educación inclusiva. En este mismo sentido, también podemos mencionar a los movimientos "**Educación y Entorno**" (Subirats, 2006) y "**Escuelas Eficaces**" (Davis y Thomas, 1999), junto a toda una corriente de **investigación** e **innovación** educativa.

Nuestra área/materia tiene un rol muy importante, y así lo han demostrado numerosas experiencias (Ríos, 2006). Uno de los motivos es que el **juego motor** lo podemos adaptar en función de nuestros intereses concretos:

- Contenidos motrices, sociales, etc.
- Tiempos
- Espacios
- Normas
- Recursos móviles
- Agrupaciones

3. IMPLICACIONES EN EL ÁREA DE EDUCACIÓN FÍSICA.

La **educación inclusiva** se sustenta en un desarrollo social de los derechos humanos que promueven la justicia social y la igualdad de oportunidades. Por ello debemos conocer modelos de prácticas que faciliten estrategias y recursos para implementar la inclusión de las personas con discapacidad en los programas de Educación Física en las **etapas** educativas, así como en las actividades desarrolladas en los centros deportivos y clubes (Comité Paraolímpico Español, 2014).

Ahora, tras ver algunos aspectos generales a tener en cuenta, nos centraremos en tratar las implicaciones concretas en cada grupo de discapacidad. Posteriormente expondremos cómo es la adaptación usual del currículo siguiendo la O. de 25/07/2008 y otros autores que la comentan.

En un sentido amplio, se puede decir que la Educación Física **Adaptada** consiste en un variado programa de desarrollo de actividades, ejercicios, juegos, ritmos y deportes destinados a luchar contra los diferentes tipos de discapacidades de los individuos (Winnick l993).

Pretende, como parte de la Educación Física, desarrollar planes individualizados que den respuesta a las necesidades especiales que tienen determinados sujetos, que requieren adaptaciones en Educación Física, cara a su participación satisfactoria y con éxito en las actividades físico-deportivas (Mendoza, 2009).

En las intervenciones para cada grupo de discapacidad, tomamos como **referencia**:

- Las características psicoevolutivas de los diferentes sujetos con necesidades especiales.
- La incidencia que las mismas tienen en su evolución.

El área de Educación Física, dado los contenidos que trabaja, es imprescindible para lograr unas mejoras significativas en esta población (Macarulla y Saiz -coords.-, 2009). Podemos actuar desde varias líneas: objetivos, organización, metodología, juego en grupo, habilidades perceptivas y básicas, aspectos psico-sociales, aspectos relacionados con la cognición, el procesamiento de la información, etc.

Pérez Turpin y Suárez (2004), citando a Linares (1994), apuntan una serie de objetivos complementarios a considerar en general con el alumnado con discapacidad:

- Superar las deficiencias que provocan un desequilibrio en la personalidad.
- Adquirir la utilización funcional de hábitos de comportamientos para tener autonomía e independencia.
- Lograr una adaptación progresiva a la realidad.
- Fortalecer las relaciones con personas que tienen problemas similares.
- Desarrollar actitudes y conductas que faciliten la integración social.

Arráez (1998), indica unas sugerencias **metodológicas generales**:

- *"Se debe crear cuanto antes un clima adecuado de aceptación normal, de agradable y amistosa convivencia.*
- *Es fundamental hacerles adquirir una percepción lo más fiel posible de sí mismos. Partiendo de este conocimiento tendrán más fácil elaborar una representación correcta del mundo que les rodea.*
- *Se tratará de lograr la aceptación de sí mismo como condición previa para adquirir un equilibrio emocional, afectivo y social adecuado.*
- *Conviene desarrollar actitudes positivas hacia la relajación ya que acumulan habitualmente más tensión y conflictos que el resto del alumnado.*
- *Es necesario insistir en que cada uno y una, dentro de sus limitaciones, consiga el mayor grado de independencia y autonomía posible, por la transferencia que esto puede suponer para su vida diaria.*
- *Aunque existan grandes dificultades para la intervención plena en las tareas lúdicas que se les propongan, siempre se podrá conseguir actitudes positivas como la cooperación, aceptación de normas, etc."*

Gómez Baldazo (2009), comenta que debemos **educar sin excluir**, haciendo de las clases de educación física un espacio para la cooperación, tolerancia e igualdad, sin tener por ello que dejar de lado los aprendizajes significativos, deseables en cualquier área escolar.

3.1. IMPLICACIONES EN EL ÁREA DE EDUCACIÓN FÍSICA DEL ALUMNADO AFECTADO DE DISCAPACIDAD PSÍQUICA.

La amplitud de diferencias individuales dentro de este grupo se manifiesta también en la diversidad de sus necesidades educativas especiales que, en mayor o menor grado, están presentes en cada una o uno (J. de Andalucía, 2001).

En los estados de discapacidad psíquica hay un proceso de **lentificación** y posterior detención de la evolución progresiva del desarrollo de la inteligencia, en un nivel más o menos deficitario. Así, distinguimos diversos **grados** de discapacidad psíquica: leve, media y severa.

También, dada la **interrelación** entre motricidad e inteligencia, y estando esta última alterada en su potencialidad, podemos deducir la **torpeza motriz** general que se manifiesta tanto a nivel grueso como fino; eso sí, estas alteraciones se atenúan y son más tratables conforme más leve es la discapacidad.

De una forma específica, Sevillano (2003), indica las siguientes adaptaciones:

a) **Adaptaciones del espacio**.

- Los espacios deben ser indefinidos, en todo caso, las limitaciones deben ser flexibles.

b) **Adaptaciones de los recursos materiales**.

- Utilizar pocos objetos a la vez para no distraer. Éstos deben ser lentos y fáciles de manipular. Pero al ir progresando, debemos sustituirlos por otros de menos tamaño y más velocidad. Un ejemplo son los balones hinchables.
- Debemos dejar que los manipulen y experimenten a partir de las propuestas de actividades presentadas.

c) **Adaptaciones de las habilidades**.

- La progresión debe ser nuestra norma, desde las más sencillas a otras de mayor nivel y siempre ajustándolas al nivel de realización.

- Alegre (2008), basándose en experiencias de Kaplan y Steele (2005), indica que está demostrada la eficacia de la terapia musical y corporal en personas con autismo, siendo extrapolables estos éxitos a otras áreas y materias. También propone tareas que impliquen la manipulación de objetos, con actividades cortas, estructuradas, simples y claras para conseguir que se vayan centrando en las mismas de forma paulatina, aunque partiendo de cosas que ya conozcan.

- Garrido (1994) propone, como ejemplo, la siguiente sucesión graduada:
    - Conceptos **espaciales**: dentro-fuera, grande-pequeño-mediano, arriba-abajo, lleno-vacío, gordo-delgado, etc.
    - Conceptos **temporales**: día-noche, ahora-antes-después, mañana-mediodía-tarde-noche, hoy-mañana-ayer, etc.

d) **Presencia del monitor de soporte**.

- Según el grado de afectación, podremos o no disponer de un monitor de soporte.
- Si no lo tenemos, propondríamos a un alumno-colaborador que rotaría en cada sesión. Para niñas o niños muy pequeños debemos utilizar la ayuda del docente de apoyo.

e) **Consideraciones metodológicas**. (Ríos y otros, 2004)

- Crear tareas nuevas a través de conductas que se observan en el alumno.
- Motivar a la actividad física a través de juegos y de pequeños éxitos del alumnado.
- Crear relaciones entre los alumnos a través de tareas colectivas de corta duración.
- Proporcionar informaciones concretas, claras, sencillas, comprensibles y breves. En su inicio, daremos pocas explicaciones y muy generales. Durante su desarrollo iremos recordándolas al afectado de discapacidad.
- Reforzar al alumno en todo momento dando información por varios canales.
- Prever pocas decisiones a tomar y con tiempo suficiente para dar la respuesta. Los sistemas de puntuación serán fáciles de seguir.
- Es necesario que estos alumnos asimilen, según sus posibilidades, el conocimiento de los aspectos espaciales y temporales que para ellos representan una especial dificultad.

Con todo, el maestro especialista deberá tener mucha **paciencia** en el proceso de aprendizaje de este alumnado y no esperar grandes cambios en periodos cortos de tiempo, debido a que los progresos se producirán de una forma gradual y lenta (Barcala, 2009). Daremos importancia a los pequeños cambios que vamos observando en el alumnado, muchas veces de tipo conductual (Bautista y Paradas, 2002).

3.2. IMPLICACIONES EN EL ÁREA DE EDUCACIÓN FÍSICA DEL ALUMNADO AFECTADO DE DISCAPACIDAD SENSORIAL.

a) **Auditivos**.

Este alumnado, por lo general, está escolarizado en centros ordinarios con el apoyo de docentes especialistas en audición y lenguaje. La oferta educativa es mayoritariamente integradora, dada sus grandes posibilidades de normalización social y académica (J. de Andalucía, 2001).

Distinguimos el grado extremo (**sordera**) de otros, donde los sujetos afectados conservan restos auditivos (**hipoacusia**).

Si el déficit auditivo proviene de una alteración en el oído interno, la **falta de equilibrio** será patente, y ello ocasionará desajustes en el control postural y más tarde en las actividades de desarrollo en el espacio que rodea al sujeto afectado: correr, saltar, agacharse... Si la alteración no radica en el oído interno, la motricidad no tiene por qué diferir respecto a la población normo-oyente, quizás más tiempo de respuesta motriz y peor velocidad gestual. Además, se puede reforzar la comunicación acentuando su expresividad corporal.

Así, en cuanto a la actividad física, los discapacitados auditivos pueden tener problemas en la **percepción** de órdenes **orales**; no obstante, el uso de prótesis adaptada, el empleo de gestos naturales, la verbalización con adecuada vocalización lenta por parte del maestro y hacerla cara a cara (para la lectura labial), eliminaría el problema (Real y otros 2002).

El uso de **estrategias visuales** es fundamental porque su vía de comunicación preferente es a través de la percepción visual. Por ello, en función de los contenidos que impartamos, nos serán de gran auxilio escritos, dibujos, etc. Las ayudas técnicas, y entre ellas las prótesis auditivas (cajita, retroarticular, intraarticular, intracanal) suelen ser muy útiles (Alegre, 2008).

Hemos de comenzar las explicaciones sobre las actividades a realizar con una demostración. La pronunciación de muchos fonemas y palabras no son visibles a través de los labios, por lo que debemos ayudarnos de gestos expresivos significativos. En muchas ocasiones tenemos que dar información complementaria para explicar determinados hechos (Alegre, 2008).

Por otra parte, vigilaremos el equilibrio:

- o Con actividades más elementales respecto a las del grupo (si las programadas para éste aún no son alcanzables).
- o Con actividades previas a las previstas para el grupo, que le hagan entrar en situación de guardar el equilibrio.

El efecto que posee la música sobre las acciones motrices reiterativas es ante todo rítmico, ya que el ritmo está arraigado en el cuerpo: respiración, caminar, etc. Hemos de ponerles en contacto con algunos elementos del mundo sonoro como son los contrastes y matices de duración, la intensidad y la altura; y con algunos de los elementos del fenómeno musical como el ritmo y la melodía. Es bueno usar instrumentos musicales para producir sonidos de contrastes, para lograr una discriminación auditiva más clara. El uso de panderos y otros instrumentos de percusión que puedan portar en sus manos y colocar en cualquier parte del cuerpo para sentir las vibraciones, es muy recomendable. Lo mismo podemos afirmar de la expresión corporal, que supone un importante recurso de apoyo para el desarrollo general de sus capacidades (Alegre, 2008).

Así pues, a escala física, la persona con sordera tiene las mismas capacidades físicas que el resto de la población, pero para desarrollarlas requiere las **adaptaciones visuales** correspondientes, porque a cada momento utiliza la vista para recabar información. No olvidemos que el alumno con sordera debe hacer un gran esfuerzo para poder comprender lo que el docente dice.

La práctica de deportes para el alumnado con discapacidad auditiva tiene multitud de beneficios, no sólo físicos, sino también para su **personalidad**, haciéndoles más tratables desde el punto de vista social y eliminando barreras de su entorno (Hernández -coord.-, 2015).

Los sordos y las sordas pueden hacer cualquier tipo de especialidad deportiva si se modifican mínimos detalles del reglamento a base de leves adaptaciones visuales (Bernal, 2002).

b) Visuales.

Las personas con déficit visual tienen reducida la cantidad y calidad de información que les llega del ambiente, reduciendo gran cantidad de claves que éste les ofrece y que son de gran importancia en la construcción del conocimiento sobre el mundo exterior (Bueno y Toro, 2002).

En los **ciegos**, el desarrollo del esquema corporal tiene, desde sus inicios, características diferenciales, siendo los estímulos auditivos y táctiles los únicos capaces de provocar una organización espacial respecto a sí mismo y al universo circundante. Pese a un desarrollo normal del esqueleto, se verán retardados en las etapas de posición sedente, gateo y locomoción (Martínez Abellán y otros, 2005).

En los **ambliopes**, su movilidad tendrá menos dificultades, por lo que serán capaces de asir objetos y evitar grandes obstáculos.

De una forma específica, Sevillano (2003), indica las siguientes adaptaciones:

b 1) Adaptaciones del espacio.

- Debemos verbalizar las características del juego, espacio y recursos que usemos, dándoles a conocer aquellos aspectos del ámbito sonoro del espacio que sean relevantes y propios del mismo (eco, sonido de la pelota al botar, pisadas, etc.)
- Igualmente les debemos proporcionar información sobre aspectos táctiles del espacio, por ejemplo textura de paredes y pavimentos.
- También son significativos, sobre todo para quienes tienen restos de visión, datos sobre los colores de las paredes, ubicación de las fuentes de luz, etc.
- Cualquier cambio físico en el aula, gimnasio, sala de psicomotricidad, etc. debemos explicarlo.
- Cuando estemos en el aula habitual, procuraremos que tengan espacio suficiente para los materiales específicos que usemos (iluminación o contraste, ampliadores como lupas, etc.); libro hablado o Braille hablado; materiales para la orientación y movilidad (bastones, planos, etc.); material de lectoescritura Braille; materiales para el dibujo (plantillas de dibujo positivo, tableros, etc.) y otros materiales tiflotécnicos.

b 2) Adaptaciones de los recursos materiales.

- Móviles con colores distintos a los de pavimentos y paredes para posibilitar su localización. También, si es posible, que sean sonoros, grandes y de tacto agradable.
- Los móviles ofrecerán seguridad, por ejemplo pelotas auto hinchables (Paramio y otros, 2010).
- Los elementos fijos, por ejemplo espalderas, no tendrán aristas.
- En los juegos de precisión es conveniente que coloquemos una cinta adhesiva de contraste. En los de persecución, es preciso que los concienciemos del color de la camiseta del perseguido y que ésta sea de tono fuerte.
- Cuando hagamos tareas con cuadernos, como colorear las canchas deportivas, si es necesario, proporcionaremos un atril para que acerque el papel a sus ojos, evitando su fatiga.

- Los anuncios deberán ser fácilmente accesibles, sobre todo si disponen de avisos en Braille o en caracteres grandes.
- Las notas que entreguemos deberán estar redactadas con tinta negra y con caracteres grandes o en Braille.
- En los juegos de precisión es conveniente que coloquemos una cinta adhesiva de contraste. En los de persecución, es preciso que los concienciemos del color de la camiseta del perseguido y que ésta sea de tono fuerte.
- Los móviles deben ser fácilmente analizados por el tacto.
- El material debemos almacenarlo siempre con el mismo orden, de esta manera el alumno ciego podrá ser autónomo, pudiendo cogerlo, utilizarlo y luego guardarlo. A su vez, este orden le evitará malas experiencias, como tropezar con elementos que estén fuera de su lugar y que le provocarían inseguridad al moverse en el espacio (Rivadeneyra, 2003).

b 3) **Adaptaciones de las normas**.

- Con frecuencia hay que recurrir a las llamadas de localización con voz o sonidos prefijados.
- Puede usarse la figura del ayudante o cooperante
- Aumentar los tiempos de decisión si es necesario
- Adaptar el reglamento cuando sea necesario

b 4) **Adaptaciones de la táctica**.

- Defensas de tipo zonal permiten mayor movilidad a los discapacitados visuales
- Los compañeros que estén más cerca deben ayudarle

b 5) **Adaptaciones en el lenguaje**.

- El lenguaje lo debemos adaptar al conocimiento previo de estos alumnos sobre su propia realidad y posibilidades de movimiento
- Explicar verbalmente todos los aspectos de la actividad, pero también sobre el espacio, móviles, compañeros, etc. Durante el transcurso del juego, insistir en la información oral

b 6) **Adaptaciones en las habilidades**.

- Variar la forma de desplazamiento de los demás para igualar la desventaja. Por ejemplo, saltar o gatear
- Que los gestos a realizar por el discapacitado sean más sencillos que los de los demás
- Ríos y otros (2004), establecen, además, pasar de tareas más simples a otras más complejas y variar las situaciones de enseñanza

3.3. IMPLICACIONES EN EL ÁREA DE EDUCACIÓN FÍSICA DEL ALUMNADO AFECTADO DE DISCAPACIDAD MOTÓRICA.

Las necesidades de este colectivo son muy **variadas** pues con este tipo de discapacidad se encuentran desde individuos que no poseen una extremidad, o quienes sufren enfermedades cardiacas, neuromusculares, etc. a quienes tienen parálisis (J. de Andalucía, 2001). Ahora vemos a los primeros y en un punto aparte a los afectados de Parálisis Cerebral (P. C.)

De una forma específica, Sevillano (2003), indica las siguientes adaptaciones:

a) **Adaptaciones del espacio**.

- Delimitarlo para compensar las dificultades de movilidad existentes
- Utilizar un pavimento adecuado, llano, sin gravilla, humedades, etc.
- Alternar las distancias para que los que tienen dificultad recorran menos espacio
- Reservar varias zonas como "espacio de seguridad" para que descansen

b) **Adaptaciones de los recursos materiales**.

- Utilizar móviles blandos para quienes tienen déficit en la prensión manual. Por ejemplo, pelotas auto hinchables
- Las sillas de ruedas deben estar adaptadas al movimiento y que los reposapiés estén recubiertos con goma espuma para evitar lesiones a los demás
- Podemos optar por andadores para quienes por sus lesiones lo necesiten
- Quienes, además, tengan problemas en la verbalización, debemos usar material auxiliar, como tablero silábico, de comunicación, tablilla con fotos, etc.
- Quienes tengan problemas de equilibrio, deben usar protecciones: coderas, rodilleras, etc. De todas maneras, el docente estará a la "sombra" de quien tenga esta dificultad

c) **Adaptaciones de las normas**.

- Modificar las reglas de los juegos en función de las necesidades. Recordarlo durante su realización
- Variar los sistemas de puntuación para equilibrar los equipos
- Los docentes ayudaremos con estímulos y feedback a quien, por ejemplo, no puedan girarse para ver lo que hay a su alrededor

d) **Adaptaciones de las habilidades**.

- Alterar las formas de desplazarse y modificar la habilidad para que sea posible su realización.

e) **Presencia del monitor de soporte**.

- En edades tempranas es mejor auxiliarse de un monitor o docente de apoyo para que nos ayude. En todo caso, que un compañero colabore y que éste rote en cada sesión

Bernal -coord.- (2005), basándose en Cano y otros (1997), nos presenta una serie de tablas-resumen para la realización de adaptaciones concretas en casos de discapacidad física.

3.3.1. IMPLICACIONES EN EL ÁREA DE EDUCACIÓN FÍSICA DEL ALUMNADO AFECTADO DE DISCAPACIDAD MOTÓRICA POR PARÁLISIS CEREBRAL (P. C.)

Seguimos a Gomendio (2000), Simard, Caron y Skrotzky, (2003), Sevillano (2003), López Franco (2004), Pérez Brunicardi -coord.- (2004), Pérez Turpin y Suárez (2004), Ruiz Pérez (2005), Cumellas y Estrany (2006), Alegre (2008), Timón y Hormigo -coords.- (2009) y Serrano y Benavides (2016).

La Parálisis Cerebral se asocia a una disminución o **abolición** de la motricidad. Son discapacitados motóricos, pero pueden tener otras disfunciones neurológicas que agrava el problema.

En general, la actividad física salva las deficiencias **circulatorias** debidas a las posturas viciadas, además de evitar la descalcificación, ya que potencia el flujo sanguíneo. Por otro lado, permite corregir la artrosis precoz, debida a las deformidades óseas, desviaciones de los ejes articulares y de las líneas de fuerza asimétricas.

Bajo esta perspectiva, debemos concebir la Educación Física como un área educativa y no le daremos el sentido rehabilitador propio de la fisioterapia, pues además de las clases de educación física, la rehabilitación se desarrollará durante varias horas al día.

Algunos ejemplos de **objetivos** a marcarnos, son:

- Estimular la expresión corporal, explorando las posibilidades comunicativas del propio cuerpo, promoviendo la aceptación y comunicación entre compañeros.
- Ayudar a que el alumno conozca bien su cuerpo y pueda sacar provecho de sus capacidades.
- Enseñar técnicas para dominar la silla de ruedas, muletas o cinturones con seguridad, que permitan salvar las barreras arquitectónicas que encontramos en la calle.
- Potenciar el hecho de pedir ayuda y de saber explicar a los demás como otorgarla.

Algunos aspectos **metodológicos** concretos a tener en cuenta, son:

- La frecuencia cardiaca suele ser más elevada de lo normal.
- La fatiga y la tetania muscular aparece más rápidamente, por lo que el tiempo de recuperación debe ser más largo.
- Frente a problemas de comunicación graves utilizar un sistema de comunicación aumentativa, si él o ella están de acuerdo, además de dar más tiempo en la elaboración de la respuesta.
- A veces, el alumnado en silla de ruedas no puede percibir lo que ocurre detrás. En este caso el docente deberá ayudarles narrando la situación.

- Existe una disminución de la elasticidad muscular, tendinosa y de las cápsulas articulares, que provoca retracciones.
- Podemos observar deformaciones óseas, atrofias musculares y alergias.
- Adaptar el material y normas de los juegos que utilizaremos en clase para que puedan ser jugados por todos.
- Quizá sea necesario prever alguna ayuda para cambiarse de ropa después de hacer la actividad física. Su discapacidad no ha de ser una excusa que interfiera en la adquisición de hábitos higiénicos.

3.4. LAS ADAPTACIONES CURRICULARES EN EDUCACIÓN FÍSICA. LOS PROGRAMAS DE ADAPTACIÓN CURRICULAR. EVALUACIÓN.

Resumimos lo publicado en la O. de 25 de julio de 2008, por la que se **regula la atención a la diversidad** del alumnado que cursa la educación básica en centros docentes públicos de Andalucía, BOJA nº 167, de 22/08/2008.

La adaptación curricular es una medida de **modificación** de los elementos del currículo, a fin de dar **respuesta** al alumnado con necesidades específicas de apoyo educativo (A. N. E. A. E.)

Los **programas** van dirigidos al alumnado de educación primaria y secundaria que se encuentre en alguna de estas situaciones:

a) Alumnado con necesidades educativas especiales.
b) Alumnado que se incorpora tardíamente al sistema educativo.
c) Alumnado con dificultades graves de aprendizaje.
d) Alumnado con necesidades de compensación educativa.
e) Alumnado con altas capacidades intelectuales.

En cualquier caso, la **escolarización** del alumnado que sigue programas de adaptación curricular se regirá por los **principios** de normalización, inclusión escolar y social, flexibilización y personalización de la enseñanza.

La escolarización del alumnado que se incorpora tardíamente al sistema educativo se realizará atendiendo a sus circunstancias, conocimientos, edad e historial académico. Cuando presenten graves carencias en la lengua española, recibirán una atención específica que será, en todo caso, simultánea a su escolarización en los grupos ordinarios. En este caso, el área de Educación Física contribuye especialmente debido a la relación sociomotriz que suponen los juegos motores.

Los centros que atiendan al A. N. E. A. E. dispondrán de recursos específicos que permitan garantizar la escolarización en condiciones adecuadas. Asimismo, recibirán una atención preferente de los servicios de apoyo a la educación.

Los programas de adaptación curricular en su concepción y elaboración podrán ser de **tres tipos** (VV. AA., 2008).

a) <u>Adaptaciones curriculares no significativas</u>, cuando el desfase curricular con respecto al grupo de edad del alumnado es **poco** importante. Afectará a los elementos del currículo que se consideren necesarios, metodología y contenidos, pero **sin modificar** los objetivos de la etapa educativa ni los criterios de evaluación. Son las más habituales.

Irán dirigidas al alumnado que presente **desfase** en su nivel de competencia curricular respecto del grupo en el que está escolarizado, por presentar dificultades graves de aprendizaje o de acceso al currículo asociadas a discapacidad o trastornos graves de conducta, por encontrarse en situación social desfavorecida o por haberse incorporado tardíamente al sistema educativo.

Serán adaptaciones **grupales**, cuando estén dirigidas a un grupo de alumnado que tenga un nivel de competencia curricular relativamente homogéneo, o individuales.

Estarán propuestas y elaboradas por el **equipo docente**, bajo la coordinación del profesor o profesora tutor y con el asesoramiento del equipo o departamento de orientación. En dichas adaptaciones constarán las áreas o materias en las que se va a aplicar, la metodología, la organización de los contenidos, los criterios de evaluación y la organización de tiempos y espacios.

En ningún caso, las adaptaciones curriculares grupales podrán suponer **agrupamientos discriminatorios** para el alumnado.

Las adaptaciones curriculares individuales podrán ser propuestas, asimismo, por el profesor o profesora del **área** o materia en la que el alumnado tenga el desfase curricular que será responsable de su elaboración y aplicación, con el asesoramiento del equipo o departamento de orientación.

b) <u>Adaptaciones curriculares significativas</u>, cuando el desfase curricular con respecto al grupo de edad del alumnado haga necesaria la modificación de los elementos del currículo, incluidos los objetivos de la etapa y los criterios de evaluación.

Irán dirigidas al alumnado con **necesidades educativas especiales**, a fin de facilitar la **accesibilidad** de los mismos al currículo. Se realizarán buscando el máximo desarrollo posible de las competencias clave; la evaluación y la promoción tomarán como referente los criterios de evaluación fijados en dichas adaptaciones. Requerirán una **evaluación psicopedagógica previa**, realizada por los equipos de orientación, con la colaboración del profesorado que atiende al alumnado. De dicha evaluación se emitirá un **informe** de evaluación psicopedagógica que incluirá, al menos, los siguientes apartados:

a) Datos personales y escolares.
b) Diagnóstico de la discapacidad o trastorno grave de conducta.
c) Entorno familiar y social del alumnado.
d) Determinación, en su caso, de las necesidades educativas especiales.
e) Valoración del nivel de competencia curricular.
f) Orientaciones al profesorado y a los representantes legales del alumnado.

El **responsable** de la elaboración de las adaptaciones curriculares significativas será el profesorado especialista en educación especial, con la colaboración del profesorado del área o materia encargado de impartirla y contará con el asesoramiento de los equipos o departamentos de orientación.

Sin perjuicio de su inclusión en el proyecto educativo del centro, las adaptaciones curriculares significativas quedarán recogidas en un **documento**, que estará disponible en la aplicación informática «Séneca» (regulado por el Decreto 285/2010, de 11 de mayo) y que contendrá, al menos, los siguientes apartados:

a) Informe de evaluación psicopedagógica al que se refiere el apartado 3 de este artículo.
b) Propuesta curricular por áreas o materias, en la que se recoja la modificación de las competencias y objetivos, metodología, contenidos, criterios de evaluación y organización del espacio y del tiempo.
c) Adaptación de los criterios de promoción y titulación, de acuerdo con los objetivos de la propuesta curricular.
d) Organización de los apoyos educativos.
e) Seguimiento y valoración de los progresos realizados por el alumnado, con información al mismo y a la familia.

La **aplicación** de las adaptaciones curriculares significativas será responsabilidad del profesor o profesora del área o materia correspondiente, con la colaboración del profesorado de educación especial y el asesoramiento del equipo o departamento de orientación.

La **evaluación** del alumnado con N. E. E. que tenga **adaptaciones curriculares** será competencia del tutor o tutora, con el asesoramiento del equipo de orientación educativa. Los criterios de evaluación establecidos en dichas adaptaciones serán el referente fundamental para valorar el grado de adquisición de las competencias (O. 10/08/2007, art. 7).

Independientemente de ello, la O. de 04/11/2015, sobre evaluación de Primaria en Andalucía, establece en su art. 15 la correspondiente al alumnado con N.E.A.E. Los puntos que más nos interesan dado el contenido de este tema, son:

1. La evaluación del alumnado con necesidades específicas de apoyo educativo se regirá por el principio de inclusión y asegurará su no discriminación y la igualdad efectiva en el acceso y la permanencia en el sistema educativo.
2. El equipo docente deberá adaptar los instrumentos para la evaluación del alumnado teniendo en cuenta las necesidades específicas de apoyo educativo que presente.
3. La evaluación y promoción del alumnado con necesidades específicas de apoyo educativo con adaptaciones curriculares, será competencia del equipo docente, con el asesoramiento del equipo de orientación del centro y bajo la coordinación de la persona que ejerza la tutoría. Los documentos oficiales de evaluación, así como las comunicaciones que se realicen con las familias del alumnado con necesidades específicas de apoyo educativo con adaptación curricular, recogerán información sobre las áreas adaptadas.
4. Se podrá realizar una adaptación curricular significativa al alumnado con necesidades educativas especiales cuyo nivel de competencia curricular sea inferior, al menos en dos cursos respecto al curso académico en el que esté escolarizado. Esta adaptación requerirá que el informe de evaluación psicopedagógico del alumno o alumna recoja la propuesta de aplicación de esta medida.
5. Cuando la adaptación curricular sea significativa, la evaluación se realizará tomando como referente los objetivos y criterios de evaluación fijados en dichas adaptaciones, conforme a lo establecido en el artículo 18.3 del Decreto 97/2015, de 3 de marzo. Se especificará que la calificación positiva en las áreas adaptadas hace referencia a la superación de los criterios de evaluación recogidos en su adaptación y no a los específicos del curso académico en el que esté escolarizado el alumno o alumna.
6. El profesorado especialista participará en la evaluación del alumnado con necesidades educativas especiales, conforme a la normativa aplicable relativa a la atención a la diversidad. Así mismo, se tendrá en cuenta para este alumnado la tutoría compartida a la que se refiere la normativa vigente por la que se regula la atención a la diversidad.

Las **decisiones** sobre la evaluación de las adaptaciones curriculares y la promoción y titulación del alumnado se realizarán de acuerdo a los objetivos fijados en la adaptación curricular significativa y será realizada por el equipo docente, oído el equipo o departamento de orientación.

c) <u>Adaptaciones curriculares para el alumnado con altas capacidades intelectuales</u>. No nos afectan directamente. En cualquier caso, se nos pueden presentar chicas o chicos que hacen deporte en escuelas o en clubes. Su mayor nivel de habilidad nos hará que aumentemos la dificultad de la tarea o la velocidad de ejecución de la misma.

3.5. EL E.O.E. COMO AYUDA EN EL ÁREA DE EDUCACIÓN FÍSICA.

Además de los docentes de apoyo, en los centros educativos ordinarios, la evaluación psicopedagógica, el dictamen de escolarización, la orientación educativa y el asesoramiento al profesorado para la atención a este alumnado y la intervención directa, corresponde en Primaria a los Equipos de Orientación Educativa. Están compuestos por:

- Trabajador/a social
- Médico/a
- Psicopedagogo/a
- Logopeda.

Este equipo multiprofesional itinerante **se rige en Andalucía** por la Orden de 23/07/2003, por la que se *regulan determinados aspectos sobre la organización y el funcionamiento de los Equipos de Orientación Educativa*, BOJA nº 155, de 13/08/2003; la Orden de 25 de julio de 2008, *por la que se regula la atención a la diversidad del alumnado que cursa la educación básica en los centros docentes públicos de Andalucía*, BOJA nº 167, de 22/08/2008; por el *Decreto 328/2010, de 13 de julio, por el que se aprueba el Reglamento Orgánico de las escuelas infantiles de segundo grado, de los colegios de educación primaria, de los colegios de educación infantil y primaria, y de los centros públicos específicos de educación especial*, BOJA nº 139, de 16/07/2010 y por el Decreto 213/1995, de 12 de septiembre, por el que *se regulan los Equipos de Orientación Educativa*, BOJA nº 153, de 29/11/1995.

CONCLUSIONES

Hemos visto cómo es el desarrollo motor y perceptivo de niñas y niños con discapacidad atendiendo a los tipos de psíquicos, sensoriales y motóricos. La escuela tiene el deber de integrarlos, siempre que el nivel de discapacidad lo permita, y darles soluciones a su problemática. Diversos decretos y órdenes lo avalan. El Área de Educación Física tiene la llave para esta integración debido a las especiales características del juego y del tratamiento de las percepciones corporales, espaciales y temporales que permiten la inclusión de este alumnado en el aula con más facilidad que en otras áreas.

BIBLIOGRAFÍA

- ALEGRE, O. M. (2008). *Los gestos y movimientos de la diversidad*. En CUÉLLAR, Mª J. y FRANCOS, Mª C. *Expresión y comunicación corporal*. Wanceulen. Sevilla.
- ARRÁEZ, J. M. (1997). *¿Puedo jugar yo?* Proyecto Sur. Granada.

- ARRÁEZ, J. M. (1998). *Teoría y praxis de las adaptaciones curriculares en la Educación Física*. Aljibe. Málaga.
- ASÚN, S. y otros (2003). *Educación física adaptada para Primaria*. INDE. Barcelona.
- BARCALA, R. (2009). *Estrategias para la integración del alumnado con necesidades educativas especiales*. En GUILLÉN, M. y ARIZA. L. *Las Ciencias de la Actividad Física y el Deporte como fundamento para la práctica deportiva*. U. de Córdoba.
- BERNAL, J. A. (2002). *El profesor de educación física y el alumno sordo*. Wanceulen. Sevilla.
- BONANY, T. (1998). *Descripción y análisis de la discapacidad psíquica*. En RÍOS, M. y otros. *El juego y los alumnos con discapacidad*. Paidotribo. Barcelona.
- BRAVO, J. (2008). *Atención a la diversidad y su tratamiento dentro del mundo de la educación física*. CEP. Madrid.
- CENTRO NACIONAL DE RECURSOS EN EDUCACIÓN ESPECIAL (1992). *Alumnos con necesidades educativas especiales y adaptaciones curriculares*. M. E. y C. Madrid.
- COMITÉ PARALÍMPICO ESPAÑOL (2014). *La inclusión en la actividad física y deportiva*. Paidotribo. Barcelona.
- CONTRERAS, O. (2004). *Didáctica de la Educación Física. Un enfoque constructivista*. INDE. Barcelona.
- CUMELLAS, M. y ESTRANY, C. (2006). *Discapacidades motoras y sensoriales en Primaria*. INDE. Barcelona.
- ESCRIBÁ, A. (2002). *Síndrome de Down. Propuestas para la intervención*. Gymnos. Madrid.
- GALLEGO, J. (1997). *Atención a la diversidad educativa: Adaptaciones curriculares*. En DELGADO, M. A. -coord.-. *Formación y Actualización del profesorado de Educación Física y del Entrenamiento Deportivo*. Wanceulen. Sevilla.
- GALLARDO, P. (2008). *La atención educativa a las personas con deficiencia mental*. Wanceulen. Sevilla.
- GARCÍA VIDAL, J. (1993). *Guía para realizar adaptaciones curriculares*. E.O.S. Madrid.
- GOMENDIO, M. (2000). *Educación Física para la integración de niños con necesidades educativas especiales*. Gymnos. Madrid.
- GÓMEZ, C.; PUIG, N. y MAZA, G. (2009). *Deporte e integración social*. INDE. Barcelona.
- HERNÁNDEZ, F. J. -Coord.- (2015). *El deporte para las personas con discapacidad*. Edittec. Barcelona.
- GONZÁLEZ MANJÓN, D. (1995). *Adaptaciones Curriculares*. Aljibe. Málaga.
- JUNTA DE ANDALUCÍA. C.E.J.A. (1994). *La atención educativa de la diversidad de los alumnos en el nuevo modelo educativo*. Sevilla.
- JUNTA DE ANDALUCÍA. C.E.J.A. (2000). *Novedades para la actualización del censo de alumnos con N.E.E. en nuestra Comunidad. Anexo I"*.
- JUNTA DE ANDALUCÍA. C.E.J.A. (2001). Revista *Andalucía Educativa*. Nº 26, agosto de 2001. Pág. 22 a 36.
- JUNTA DE ANDALUCÍA. C.E.J.A. (2003). *Plan Andaluz para la Inclusión Social*. Sevilla. Aprobado en Consejo de Gobierno de 11 de noviembre de 2003. B. O. J. A. nº 227, de 25/11/2003.
- JUNTA DE ANDALUCÍA (2005). *Acuerdo de 11 de octubre de 2005, del Consejo de Gobierno, por el que se aprueba el Plan «Mejor Escuela»*. BOJA nº 213, de 02/11/2005.

- JUNTA DE ANDALUCÍA (2015). *Orden de 17 de marzo de 2015, por la que se desarrolla el currículo correspondiente a la educación Primaria en Andalucía.* BOJA nº 60 de 27/03/2015.
- JUNTA DE ANDALUCÍA (2015). *Decreto 97/2015, de 3 de marzo, por el que se establece la ordenación y el currículo de la educación Primaria en la comunidad Autónoma de Andalucía.* BOJA nº 50 de 13/03/2015.
- JUNTA DE ANDALUCÍA (2007). *Ley 17/2007, de 10 de diciembre, de Educación de Andalucía (L. E. A.).* B. O. J. A. nº 252, de 26/12/2007.
- JUNTA DE ANDALUCÍA (2008). *Orden de 14 de julio de 2008, por la que se regula la orientación y acción tutorial en los centros públicos que imparten la enseñanza de Educación Infantil y primaria.* BOJA nº 157, de 07/08/2008.
- JUNTA DE ANDALUCÍA (2008). *Orden de 25 de julio de 2008, por la que se regula la atención a la diversidad del alumnado que cursa la educación básica en centros docentes públicos de Andalucía.* BOJA nº 167, de 22/08/2008.
- JUNTA DE ANDALUCÍA (2010). *Decreto 328/2010, de 13 de julio, por el que se aprueba el Reglamento Orgánico de las escuelas infantiles de segundo grado, de los colegios de educación primaria, de los colegios de educación infantil y primaria, y de los centros públicos específicos de educación especial.* BOJA nº 139, de 16/07/2010.
- JUNTA DE ANDALUCÍA (2010). *Orden de 20 de agosto de 2010, por la que se regula la organización y el funcionamiento de las escuelas infantiles de segundo ciclo, de los colegios de educación primaria, de los colegios de educación infantil y primaria, y de los centros públicos específicos de educación especial, así como el horario de los centros, del alumnado y del profesorado.* BOJA nº 169, de 30/08/2010.
- JUNTA DE ANDALUCÍA (2015). *Orden de 04 de noviembre de 2015, por la que se establece la ordenación de la evaluación del proceso de aprendizaje del alumnado de educación primaria en la Comunidad Autónoma de Andalucía.* B.O.J.A. nº 230, de 26/11/2015.
- LÓPEZ FRANCO, A. (2004). *Actividades físico-deportivas con colectivos especiales.* Wanceulen. Sevilla.
- MACARULLA, I. y SAIZ, M. (2009). *Buenas prácticas de escuela inclusiva.* Graó. Barcelona.
- MARCHESI, A. y MARTÍN, F. (2002). *Una escuela y una sociedad desde la diversidad.* Revista Digital. Buenos Aires. Año 8, nº 47. abril 2002. http//www.efdeportes.com
- MARTÍNEZ PIÉDROLA, E. (2006). *Hábitos saludables en la prevención de la obesidad infantil: "Dieta y Ejercicio".* En *Deportes para todos.* P. M. D. del Ayuntamiento de Dos Hermanas.
- M.E.C. (2013). *Ley Orgánica 8/2013, de 9 de diciembre, para la mejora de la calidad educativa.* BOE Nº 295, de 10/12/2013.
- M.E.C. (2014). *R. D. 126/2014, de 28 de febrero, por el que se establece el currículo básico de la Educación Primaria.* B.O.E. nº 52, de 01/03/2014.
- M. E. C. (2006). Ley Orgánica 2/2006, de 3 de mayo, de Educación (L. O. E.). B. O. E. nº 106, de 04/05/2006, modificada en algunos artículos por la LOMCE/2013.
- M. E. C. (2015). *ECD/65/2015, O. de 21 de enero, por la que se describen las relaciones entre las competencias, los contenidos y los criterios de evaluación de la educación primaria, la educación secundaria obligatoria y el bachillerato.* B.O.E. nº 25, de 29/01/2015.
- MENDOZA, N. (2009). *Propuestas prácticas de Educación Física inclusiva para la etapa Secundaria.* INDE. Barcelona.
- MIÑANBRES, A. (2004). *Atención educativa al alumnado con dificultades de visión.* Aljibe. Málaga.

- MIRÓ, J. (1998). *El déficit auditivo.* En RÍOS y otros, *El juego y los alumnos con discapacidad.* Paidotribo. Barcelona.
- NAVARRO, V. (2007). *Tendencias actuales de la Educación Física en España. Razones para un cambio.* (1ª y 2ª parte). Revista electrónica INDEREF. Editorial INDE. Barcelona. http://www.inderef.com
- NARANJO, J. (2006). *Asma y actividad física en la edad escolar.* En *Deportes para todos.* P. M. D. del Ayuntamiento de Dos Hermanas.
- PÉREZ TURPIN, J. A. y SUÁREZ, C. (2004). *Educación Física y alumnos con necesidades educativas especiales por causas motrices.* Wanceulen. Sevilla.
- PÉREZ BRUNICARDI, D.; LÓPEZ PASTOR, V. M.; IGLESIAS, P. (2004). *La atención a la diversidad en Educación Física.* Wanceulen. Sevilla.
- POSADA, F. (2000). *Ideas prácticas para la enseñanza de la Educación Física.* Agonos. Lérida.
- RIGAL, R. (2006). *Educación motriz y educación psicomotriz en Preescolar y Primaria.* INDE. Barcelona.
- RÍOS, M. y colls. (1998). *El juego y los alumnos con discapacidad.* Paidotribo. Barcelona.
- RÍOS, M. (2003). *Manual de Educación Física Adaptada.* Paidotribo. Barcelona.
- ROMERO, J. F. y LAVIGNE, R. (2005). *Dificultades en el Aprendizaje: unificación de criterios diagnósticos.* C.E.J.A., D. G. de Participación y Solidaridad Educativa. Sevilla.
- RUIZ PÉREZ, L. M. (2005). *Moverse con dificultad en la escuela.* Wanceulen. Sevilla.
- SÁNCHEZ RODRÍGUEZ, J. y LLORCA, M. (2004). *Atención educativa al alumnado con parálisis cerebral.* Aljibe. Málaga.
- SERRANO, A y BENAVIDES, A. (2016). *Educación Física para alumnos con discapacidad motora.* CCS. Madrid.
- SEVILLANO, G. (2003). *Contextos espaciales y materiales para la Educación Física Adaptada.* En RIVADENEYRA, Mª. L. y GÓMEZ, E. Mª. *Desarrollo de la Motricidad.* Wanceulen. Sevilla.
- SIMARD, D.; CARON, F. y SKROTZKY, K. (2003). *Actividad física adaptada.* INDE. Barcelona.
- SKROTZKY, K. (2003). *La espina bífida.* En SIMARD, D.; CARON, F. y SKROTZKY, K. *Actividad física adaptada.* INDE. Barcelona.
- TORO, S. y ZARCO, J. (1995). *Educación para niños y niñas con necesidades educativas especiales.* Aljibe. Málaga.
- VIDAL, M. (1998). *Descripción y Análisis de la discapacidad visual.* En RÍOS, M. y otros, *El juego y los alumnos con discapacidad.* Paidotribo. Barcelona.
- VV. AA. (2008). *Colección de manuales de atención al alumnado con necesidades específicas de apoyo educativo.* (10 volúmenes). C. E. J. A. Sevilla.

WEBGRAFÍA (Consulta en octubre de 2015).
http://www.agrega2.es
http://www.juntadeandalucia.es/averroes/
http://www.adideandalucia.es
http://recursostic.educacion.es/primaria/ludos/web/index.html
www.juntadeandalucia.es/educacion/descargasrecursos/curriculo-primaria/index.html

www.ingramcontent.com/pod-product-compliance
Lightning Source LLC
Chambersburg PA
CBHW080457170426
43196CB00016B/2851